FRANCE ET ITALIE

PAR

FRÉDÉRIC STORACE

> Carlo-Alberto nel deporre che fece sul capo al suo figliolo nei campi di Novara la sfrondata corona del regno subalpino accennando da lungi il biancheggiare delle divise tedesche gli diceva : « Con costoro mai pace! »
>
> (E. STAMPANONI.)

NICE
TYPOGRAPHIE AB. VITERBO ET ANDREIS
Rue Masséna, 17

1883

FRANCE ET ITALIE

PAR

FRÉDÉRIC STORACE

> Carlo-Alberto nel deporre che fece sul capo al suo figliolo nei campi di Novara la sfrondata corona del regno subalpino accennando da lungi il biancheggiare delle divise tedesche gli diceva : « Con costoro mai pace! »
>
> (E. Stampanoni.)

NICE
TYPOGRAPHIE AB. VITERBO ET ANDREIS
Rue Masséna, 17
1883

Tous droits de reproduction et de traduction réservés.

Mon cher Frédéric Storace,

Je vous retourne, avec la traduction demandée, l'opuscule que vous m'avez communiqué. Je me suis moins, dans cette traduction, attaché à la lettre qu'à l'esprit dans lequel est conçu votre travail. Je ne puis que vous engager à persévérer dans la ligne de conduite que vous vous êtes tracée, vous êtes dans la bonne voie ; tous les partisans véritables du progrès et de la liberté poursuivent, comme vous, l'union des races latines sans exception.

Le grand homme, qui a constitué l'Italie, a bien été au niveau de son époque ; la postérité, meilleur juge que nous, lui rendra justice et il occupera une page brillante dans l'histoire de l'émancipation des peuples.

Soyez bien persuadé que les hybrides et l'applatissement devant le Vatican ne peuvent arrêter la marche en avant de l'esprit humain.

Nous avons lutté, nous luttons et nous lutterons jusqu'à la fin pour la sainte cause de l'humanité, mais avec la ferme conviction que ceux qui viendront après nous profiteront de nos labeurs et de nos peines ; c'est cet espoir qui nous soutient et qui nous permettra de nous endormir sereins et tranquilles lorsque la nature jugera à propos de reprendre ce qu'elle ne prête que pour un temps.

Votre ami,

DALBOUSE.

Aux Frères Italiens !

I

> Ti rammenta il giuro antico
> Che giurato abbiamo insieme :
> Ti rammenta a qual nemico
> Cesse un giorno il nostro seme !
> Odi il grido delle tombe !
> Fà dar fiato alle tue trombe...
> Non indarno a questa età,
> Si promette libertà.....
>
> (F. Dall'Ongaro).

Je dédie cet opuscule aux courageux citoyens qui ont combattu pour la liberté et l'indépendance de la patrie.

L'amour de la patrie est le plus beau, le plus grand et le plus sublime devoir de l'homme. Vous l'avez montré à l'aube du réveil national, lorsque, sans tenir compte des périls, vous êtes accourus et vous vous êtes sacrifiés pour la liberté et l'indépendance de notre belle et chère Italie.

La postérité vous en tiendra compte, mais il ne faut pas oublier que dans cette terrible lutte, vous avez eu pour compagnons d'armes des Français généreux qui s'écriaient, gais et contents: « l'Italie est une noble nation, les Italiens sont pour nous des frères ». A Solférino et sur les riantes collines de Saint-Martin, les bourreaux du Danube ont appris à vous connaître ; les armées combinées des deux nations ont montré une rare valeur et nous pouvons dire, à notre tour, aux frères de France : « Cela n'est pas oublié ! »

Maintenant, les gouvernements cherchent à réprimer les cris d'indépendance qui s'échappent de toutes les poitrines et font de grands efforts pour éloigner deux nations sœurs l'une de l'autre. Je m'adresse à vous, restes glorieux de la légendaire chemise rouge, et je vous dis : la vraie France est avec nous, elle nous tend la main, pressons-là !

L'œuvre n'est pas encore accomplie, il y a encore quelque chose à faire, attendons patiemment le moment et restons unis ; quand il arrivera, nous laisserons aux sceptiques, aux grands hommes de la puérile politique, l'éloquence mensongère de leurs discours, pour courir aux armes.

II

> Sono superbe e belle,
> Rassembrano sorelle.

L'Italie est une grande et généreuse nation, mais il y en a une autre qui, par sa langue, ses coutumes et sa religion, a autant de mérite, c'est la France qui a arrosé chaque pouce de son sol du sang de ses enfants pour abattre le trône d'un tyran et pour faire triompher l'humanité et la fraternité.

L'Italie et la France sont dignes l'une de l'autre.

L'Italie a de glorieux martyrs qui sont morts pour son unité, ils serviront d'exemple aux nouvelles générations pour leur apprendre à devenir fortes, à supporter la douleur, à s'imposer toutes les privations et à sacrifier leur vie plutôt que d'être esclaves des tyrans.

Lorsque les poètes futurs chanteront les exploits des héros tombés sur nos champs de bataille ou tués par le bourreau en criant: Vive l'Italie! le monde surpris se demandera s'ils ont réellement existé. Heureusement que l'impartiale et terrible histoire sera là pour répondre : oui.

Si je rappelais seulement un millier de noms illustres, la main des morts se soulèverait pour prendre l'épée et combattre, ils forment une auréole dont Dieu doit être fier.

Le temps viendra où les mères suspendront au lit de leurs enfants l'effigie de ces martyrs pour qu'ils les saluent à leur réveil et les invoquent aux moment du péril : cela arrivera lorsque l'imposture et la superstition auront disparu de ce monde.

La France aussi, cette terre de liberté, ce foyer de grandes révolutions, a une histoire glorieuse ; elle aussi pourrait élever un monument grandiose à la mémoire de cent légendaires figures devant lesquelles, la tête baissée, passeraient timidement les tyrans.

A l'occasion de l'anniversaire de la mort de Joseph Garibaldi, Pianciani, à Paris, s'écriait : le même sang coule dans nos veines. Je répète avec lui : oui, le même sang généreux coule dans nos veines et il unit les deux nations sœurs dans une même famille.

Si des fautes ont été commises, il faut les attribuer à ceux qui ont été à la tête des deux nations et plus particulièrement à l'homme du Deux-Décembre, qui fut aussi fatal à l'Italie qu'à la France.

Lancés dans la voie de la liberté, les peuples aujourd'hui tiennent peu compte des actions honteuses des ministres et font peu de cas des décisions des têtes couronnées qui méconnaissent la justice et la vérité. Ils savent trouver des liens d'affection que toutes les alliances hybrides ne sauraient rompre. Il est nécessaire que les Italiens et les Français oublient le passé, qu'ils oublient les fautes commises par ceux qui ont entre leurs mains des pouvoirs dont il abusent et qu'ils se jurent fraternité devant ceux qui sont tombés en héros à Saint-Martin, à Solférino et à Dijon !

III

> Se obliando un dovere fui codardo;
> Giustizia femmi dopo assai infelice.

La plus grande insulte que le gouvernement italien ait faite aux patriotes est certainement celle d'avoir cherché à conclure une alliance avec l'Autriche, notre éternelle ennemie !

L'Autriche nous rappelle un long martyre, une longue suite d'années de douleur ; le plomb, le bâton, la persécution, les supplices au milieu desquels ont expiré les plus grands patriotes ; la terre italienne, encore esclave et opprimée. Il est douloureux pour nous de voir que le fils de Victor-Emmanuel a oublié le carré de Custoza, la honte subie par Charles-Albert à Novarre et ces deux cités qui lui tendent les bras en gémissant et ne cessent de demander à retourner au sein de la mère patrie ; ne se souvient-il plus du jour où l'Italie émue faisait entendre, sous les obscures arcades du Panthéon, le cri de :

« Vive Humbert, vive l'Italie ». A-t-il oublié les dernières recommandations de son père, lorsque affaibli par l'approche de la mort, il s'inclina sur lui et lui dit : « Je te recommande deux choses par dessus tout : l'amour de la patrie et de la liberté ». Les paroles d'un mourant sont sacrées, et ces mots que Victor-Emmanuel prononça au Quirinal sur son lit de mort renferment le programme le plus vaste, le plus imposant que l'Italie ait pu désirer et il le savait lui aussi, puisqu'il descendit ensuite tranquille et confiant dans la tombe persuadé que son fils accomplirait sa dernière volonté. En entretenant des rapports d'amitié avec ceux qui furent et seront toujours nos ennemis acharnés, Humbert de Savoie a tout oublié ! Sachez-le bien, honorable Mancini, et vous membres du conseil, l'alliance avec l'Autriche est un crime et s'il est vrai qu'il existe une autre vie, craignez le châtiment : les figures les plus imposantes de notre régénération sociale seront là pour vous rappeler les humiliations que nous avons supportées, le servilisme auquel vous vous êtes prêté ; elles répandront des larmes de douleur et de dédain, ce sera la question sociale qui fait entendre le cri du pauvre demandant : pain et travail.

Vous comptez trop sur notre patience, la patience est un fardeau lourd et qui fatigue, les fils du peuple sont à bout, ne vous y méfiez pas. Vous ne savez pas, gras bourgeois, ce que c'est que la misère, vous êtes les favorisés de la nature, vous avez du talent que vous employez à faire le mal, vous avez hérité d'un grand patrimoine, vous êtes devenus puissants, grâce à de tristes abus, et vous croyez tenir sous votre talon doré des peuples entiers. Détrompez-vous, le grand mouvement qui se prépare ne tardera pas à vous faire comprendre que le pauvre a sur la terre le même droit que le riche, et que les classes ouvrières sont assez puissantes pour briser comme le verre tous vos absurdes privilèges.

Vous jetez, d'un air dédaigneux, une misérable pièce de monnaie aux pauvres travailleurs, dont la famille se meurt d'inanition et vous prodiguez votre argent, ou plutôt l'argent que vous n'avez pas gagné, dans de honteuses orgies ; mais les temps sont proches où les larmes du malheureux pourraient bien être remplacées par les larmes du sang des oppresseurs.

IV

*Stendi pure la mano, a Italia mia,
In segno di leale e degno affetto.
E il giorno che avvenisse sorte ria,
Una per l'altra mostrerà il suo petto !*

C'était par une belle soirée du printemps, par une de ces soirées où l'âme se laisse bercer doucement au sourire de la nature. Le vapeur qui me portait se dirigeait, rapide, vers les côtes de France ; je tournais parfois mes regards vers le pays où je laissais ma famille et mes affections, lorsque les clochers de ma chère Livourne se dérobèrent à mes yeux. Alors, ma tête dans les mains, ma pensée se porta vers la France, je rêvais. Il me semblait voir, dans une immense plaine, un grand nombre de soldats, l'arme luisante sur les bras, se presser affectueusement la main, augure d'une victoire certaine.

Du sein de cette masse, s'élevaient les drapeaux italiens et français, sur l'un, était écrit Tr... et T..., sur l'autre, A... et L..., sur un troisième, entouré de plusieurs milliers de jeunes gens portant la chemise rouge, on lisait ces mots: Vive la guerre du droit. Il me semblait, en même temps, entendre dans le lointain les fanfares joyeuses et les hymnes patriotiques auxquels répondait le cri de : Liberté.

Je me sentis frapper sur l'épaule, c'était la main du mécanicien qui me prévenait qu'il était dangereux de dormir à cette place. Je le remerciai et j'allai me coucher: le lendemain, nous touchions la terre de France. J'ai toujours eu une foi aveugle dans le destin. A peine né, ce monstre vous enlace dans les chaînes de l'espérance et après vous avoir longtemps illusionné, torturé, jette dans la tombe le héros et l'infâme, le mendiant et le millionnaire.

A peine arrivé en France, je me sentis pris d'une grande sympathie pour cette nation et me crus destiné à faire quelque chose pour elle. Elle apparut à mes regards telle qu'elle est: imposante et belle. Voilà, dis-je, la sœur de l'Italie et il est impossible que les enfants de ces deux perles tournent un jour les armes les uns contre les autres. Ils sont destinés à parcourir ensemble le sentier de la gloire et de la liberté. Réunis, ils combattront encore ensemble pour les villes et les peuples esclaves de la force et enlèveront aux tyrans ce qui ne leur a jamais appartenu.

Pendant le temps que j'ai été l'hôte de cette riche et noble nation, j'ai eu le loisir de connaître le cœur industriel, généreux et patriotique des Français et pour vous prouver que leur humanité tient le premier rang, voyez avec quel élan ils sont accourus pour nous secourir, lors de la récente catastrophe d'Ischia, et il s'est échappé de leurs poitrines un cri de douleur sans égal.

Des milliers d'Italiens quittent leur patrie pour aller chercher du travail sur la terre étrangère, les opulents parasites de leur pays, aidés par un gouvernement qui leur ressemble, les laisseraient mourir de faim ; mais ceux qui mettent le pied en France ne s'en retournent jamais désillusionnés. Il faut dire que l'Italien est laborieux et capable et que les étrangers trouvent un avantage réel à occuper des ouvriers de ce pays ; cependant on trouve des Français sans travail parce que leur place est occupée par des étrangers. Quelques faits regrettables se sont produits parfois entre les ouvriers des deux nations, mais ces dissensions n'ont qu'une importance secondaire, parce que dans le monde entier des dissensions pareilles se produisent fréquemment, soit dans les usines, soit dans les grandes fabriques et souvent le sang en est le témoin inévitable. Lorsque dans ces antres de travail se trouvent des individus de nationalité différente, on y ajoute une importance majeure et les politiciens financiers, qui y trouvent leur avantage, grossissent les choses, parlent de complots imaginaires pour mieux spéculer sur le malheur des peuples et les tenir divisés, parce qu'ils ont peur du mouvement. L'union fait la force, et vous n'y réussirez pas, car vos abominables calculs sont connus.

La France est en République depuis treize ans et pendant ce temps, elle n'a pas captivé toutes les sympathies, parce que les hommes qui se sont succédé au pouvoir et qui ont tous été républicains à leur manière seulement, ont jeté la défiance à l'étranger, spécialement à l'Italie, et ceux qui attendent avec joie le moment de voir arriver la ruine de la France n'accusent pas seulement le Gouvernement, mais toute la nation. C'est une erreur de croire qu'on puisse juger un peuple sur l'effet de quelques agitateurs isolés, et cependant un nuage a obscurci pour un temps la concorde qui ne doit cesser entre Français et Italiens. Il serait malheureux que, par la faute de quelques intrigants ennemis de la vérité, deux nations se divisassent et s'écartassent du droit chemin qu'elles sont destinées à parcourir ensemble. S'il y a eu des fautes commises, elles retomberont sur leurs auteurs, mais les Français et les Italiens doivent se donner la main en signe d'inaltérable amité.

Un poids cependant pèse encore sur nous, il y a une main prête à nous frapper sitôt que que l'occasion se présentera, c'est la stupide imposture sacerdotale qui ne s'aperçoit pas qu'elle a, par ses crimes, découvert au peuple toues ses infamies.

Bourreaux, marchands de conscience, qui avaient rougi la terre du sang de tant de malheureux. A vous prêtres, insatiables dans le mal et le mensonge, votre carrière est désormais terminée, le catafalque de vos impostures tombe et l'heure n'est pas éloignée où l'humanité, instruite et au courant de vos hypocrisies, vous chassera.

Le but de ces faux ministres d'une religion d'amour est maintenant connu du peuple : ils voulaient nous faire suivre une routine qu'ils nous avaient tracée pour nous maintenir esclaves et nous rendre lâches. Le temps des miracles est passé, le monde marche à pas de géant, pour pouvoir s'emparer au plutôt du drapeau portant cette inscription : Liberté, Egalité, Fraternité.

V

> Roma ? Italia ? Ove son'io ?
> Dove sono i miei campioni ?...
> O fantasini del desio !
> O sublimi visioni !
> Nuove tombe si scavaro,
> Altri forti vi posaro ;
> Giuran pace il Papa e i Re...
> Ma l'Italia ancor non è !...
>
> (F. DALL'ONGARO).

La révolution, qui a régénéré l'Italie, avait pris naissance avec la monarchie dans l'espérance que l'antique dynastie de Savoie se serait unie à elle pour pouvoir, d'un commun accord, parcourir le sentier de la liberté et du progrès.

J. Garibaldi, confiant, avait donné à Victor-Emmanuel des assurances sérieuses sur les républicains mêmes (1) et il ne les avait pas

---

(1) La lettre de Garibaldi à Victor-Emmanuel, du 4 octobre 1860, disait : « Sa Majesté se rappelle mes paroles antérieures sur les républicains et pensez du fond du cœur si les résultats sont en rapport avec elles. Tous braves gens, tous ont combattu pour l'Italie et pour Victor-Emmanuel, et seront certainement contents d'être les plus fidèles à sa per-

données seulement pour lui personnellement. Avec le mouvement, l'Italie et Victor-Emmanuel avaient gagné cent batailles et avaient assuré l'avenir (1), croyant toujours que la monarchie se serait conformée à la volonté du peuple et qu'elle n'aurait pas osé renier la révolution, sans laquelle l'Italie sera toujours aux mains des tyrans et des étrangers.

Triste illusion ! Garibaldi loyal, Garibaldi légendaire, aimait la patrie et croyait que tous lui ressemblaient.

Maintenant une évolution nouvelle approche ; posons attentivement l'oreille sur le sol et nous entendrons dans le lointain le bruit de la révolution qui s'approche de nouveau, car nous avons été trahis, trompés dans nos droits les plus inviolables et conquis au prix de notre sang.

Le moment de son arrivée sera cependant terrible pour les lâches et les traîtres.

Forte, majestueuse, elle leur demandera

---

sonne ; que Votre Majesté croie que je lui suis ami du cœur et que je mérite que mes paroles soient tenues pour vraies.

(1) Le décret publié par Garibaldi s'exprimait ainsi :

« S. Angelo, le 15 octobre.

« Les Deux-Siciles redevables de leur rédemption au sang italien, font partie intégrale de l'Italie une et indivisible, avec son roi constitutionnel Victor-Emmanuel et ses descendants. »

compte, avec l'épée à la main, de ce qu'ils ont fait et de ce qu'ils voulaient faire. Alors nous verrons si l'éloquence de la parole et les promesses suffiront pour sauver les coupables.

La monarchie en contractant une alliance qui répugne à la conscience du peuple, et en s'acheminant à se prosterner au pied de la Papauté, accomplit, une évolution qui laisse apercevoir clairement qu'elle cherche à se détacher de la révolution, parce qu'elle a peur du progrès ; de là, il faut en conclure que raisonnablement, philosophiquement, l'approche de la Révolution est inévitable.

Dans la révolution il y eut et il y aura des partisans de la monarchie, de la maison de Savoie. Nous ne voulons pas être ingrats au point de ne pas reconnaître l'influence qu'a eu son drapeau pour l'achèvement de l'unité italienne. C'est un devoir d'être impartial pour les fautes et les mérites de tous pour que nos adversaires ne puissent avoir l'audace de nous qualifier d'ingratitude ; mais ceux qui n'ont pour la monarchie aucune reconnaissance et qui ne tiennent pas à la maison de Savoie sont ennemis acharnés de la Papauté, de tout ce qui est rétrograde et n'oublieront jamais que l'Italie n'est pas encore entièrement régénérée. Il est visible qu'ils abandonneront la monarchie à elle-même quand ils la verront prendre la fausse route antipatriotique.

La lutte que soutinrent les Italiens pour se délivrer des chaînes de l'esclavage est héroïque, terrible, et si la terre est rouge du sang des monarchistes, qui osera nier que les champs de bataille ne soient semés des ossements des républicains ?

Tous courageux, tous généreux, ils combattirent pour la plus belle, pour la plus sainte des causes : la Liberté. Mais il est incontestable que comme ils se trouvèrent unis pour battre en brêche l'étranger, ils se trouveront nouvellement réunis pour combattre nos ennemis intérieurs, en voyant comme on cherche à annihiler leurs droits les plus inviolables. Les bigots de la monarchie, comme les appelait Baccarini, ceux qui veulent n'importe à quel prix, la dynastie et la patrie, me diront que la monarchie ne peut suivre la révolution dans le vaste idéal qu'elle a à parcourir, parce que, comme institution conservatrice, elle se suiciderait elle-même !

Je ne puis nier que ce soit logique, mais je leur répondrai que la monarchie pourrait très bien suivre les aspirations nobles et justes sans se contrecarrer avec la conscience populaire. Sans se jeter dans les bras de la révolution, elle pourrait reconnaître ses droits.

En cet état de choses, il est nécessaire d'admettre que la monarchie, se détachant de l'idée du peuple en le froissant en tout, en se jetant suppliante au pied de la Papauté, devra inévitablement tomber, sans quoi elle nous ramènerait en arrière et il faudrait renouveler les horreurs passées avec le sang du peuple.

Ma tâche est finie maintenant, je ne crains rien et personne, sûr d'avoir démontré avec loyauté, ce que ma conscience m'a suggéré pour le bien de ma patrie que j'ai toujours aimée. Il est donc nécessaire pour le bonheur de tous que les phalanges démocratiques et libérales de France et d'Italie s'unissent pour ne pas tomber dans le péril qui nous menace.

De tous côtés, on entend cette exclamation : paix ! paix ! mais dans tous les arsenaux nous voyons fabriquer, avec une anxiété fébrile et soutenue, des instruments de guerre.

Et ceux même qui signent un traité de paix appuient la signature posée de nouvelles commandes d'armes et de munitions.

Il est inutile de se faire des illusions, la

tempête s'avance à grands pas et plus elle sera longue à venir, plus elle sera terrible quand elle éclatera. De grands évènements se préparent, de grandes choses se feront, mais si nous ne sommes prêts à faire face à tout ce qui pourra arriver, alors le plus grand mal sera pour nous.

Je vis dans l'espérance que mes paroles seront entendues de ceux qui aiment l'union des races latines et qui connaissent le grand pas que ferait la démocratie avec l'alliance italo-française.

A Cannes, riant pays de la Provence, où on compte à peu près dix mille Italiens, je fis connaissance de l'éminent Prosper Bensa, ligurien, homme loyal, démocratique par excellence, patriote dévoué. Sa poitrine fut décorée deux fois de la médaille des braves. Il n'a jamais regardé aux sacrifices ni aux périls, pourvu qu'il réussisse dans sa tâche qui, pour lui, consiste à lier les Italiens et les Français d'un nœud fraternel, en créant des Sociétés, des Cerles d'amis, sa parole éloquente a fait beaucoup aussi.

C'est avec cet homme, aujourd'hui mon ami de cœur, que je fis quelque chose et j'ai combattu, à épée tirée, pour couronner plus tôt l'œuvre commencée par lui. Veuille le ciel que notre espérance ne soit pas déçue, qu'elle se réalise et que le jour soit proche où de la poitrine des deux nations s'échappera ce cri solennel :

Vive la France ! Vive l'Italie !

Vive l'alliance et l'union des races latines !

www.ingramcontent.com/pod-product-compliance
Lightning Source LLC
Chambersburg PA
CBHW060557050426
42451CB00011B/1954